Zuversicht

Wer umarmt
meine Angst,
wer trägt
meine Furcht
durch das tiefe Tal?
Ich werfe
meine Verzweiflung
zum Himmel empor –
und verankere zugleich
meine Zuversicht
zwischen
den Sternen.

Rosen im Herzen

Mühselig
ticken die Stunden
vor sich hin,
innere Lähmung
und Langeweile
durchkriechen
den grauen,
trübseligen Tag.
Ich wünsche dir,
dass du die Zeit
ertragen kannst,
die dich der Farbigkeit
des Alltags enthebt.
Mögen dir bald wieder
Rosen blühen:
auf deinen Wangen,
an deinen Wegen,
in deinem Herzen.

Klagelieder

Klagelieder
entfliehen
meinem Herzen –
sie fliegen
durch den Raum,
aber die Stille
verschweigt ihnen
ihr Gehör.
Einsamkeit erdrückt
meinen Mut,
Schmerzen
breiten sich quälend
in mir aus.
Wann berührt mich
ein Engel
und flüstert mir
liebevoll zu:
„Alles wird gut!“

Ein Engel

Möge ein Engel
deine frierenden Nächte
erwärmen
und dir Trost
in deine trüben
Träume säen.
Möge er deine Seele
mit sanftem Flügelschlag
streifen,
damit dich die Zärtlichkeit
göttlicher Liebe
leise durchwebt
und dich ihre Güte
der inneren Leere
enthebt.

Die Stille genießen

Mögest du
an den leisen Tagen
die Stille genießen,
damit nicht nur dein Körper,
sondern auch deine Seele
zur Ruhe kommt.
Mögest du bisweilen
im Wunderland
der Träume versinken,
bis dir ein silberner Morgen
Hoffnungsfunken
ins Herz streut.

Melodie deines Lebens

Ich wünsche dir,
dass dich immer wieder
Worte des Trostes
und der Liebe umarmen,
damit dich die Melodie
deines Lebens
schon bald
erfrischend neu
durchklingt.

Hoffnungsfunken

Der Geduld
Langmut schenken
und der Stille
das Herz öffnen,
dem Schweigen
der Nacht
lauschen,
bis der Himmel
seine Sterne
ausstreut.

Erlösung

Mut
möchte ich trinken
aus silbernen Bechern,
während die Mondstunden
vorüberziehen,
bis das Morgenlicht
Tautropfen
zu schimmernden Perlen
verzaubert.

Freude
möchte ich trinken
aus goldenen Kelchen,
wenn die Ängste
verweht sind
und die Abendsonne
aufsteigt
in ihrem erlösenden
Glanz.

überwachsen lassen

Manchen Schmerz
hast du erdulden,
manche Verletzung
ertragen müssen.
Ich wünsche dir,
dass die Kränkungen,
die dich krank
gemacht haben,
nach und nach
überwachsen
und dir das Leben
schon bald
in kräftigen Farben
erblüht.

Gelassenheit

Ich wünsche dir
die Gelassenheit,
diese zögernde Zeit
zu erdulden,
den Duft sonniger
Erinnerungen,
die zum Träumen
verführen,
und wachsende Lust,
heitere Gedanken
tanzen zu lassen,
damit der Frohsinn
dich findet.

Lebensfreude

Durch das geöffnete
Fenster
weht dir der Wind
einen Hauch
kühler Luft ins Haar.
Sonnenworte
grüßen dich zärtlich,
und ein Vogel
singt dir leise
ein Hoffnungslied
in den jungen Tag.
Mit geöffneten Armen
wartet
die Lebensfreude
auf dich.

An jedem Tag

An jedem Tag
ein froher Gedanke,
der dich lächeln lässt;
an jedem Tag
ein Sonnenstrahl,
der deine Nase kitzelt;
an jedem Tag
eine kleine Freude,
die dich ermuntert:
Das wünsche ich dir.

Sei gesegnet

Sei gesegnet
in deiner Krankheit
wenn dich Traurigkeit
erfüllt,
sei gesegnet,
wenn deine Sehnsucht
nach Genesung
sich letztendlich stillt.

Sei gesegnet,
wenn der Himmel
dich mit Sternen
beschenkt,
sei gesegnet,
wenn ein Mensch
voller Liebe
an dich denkt.

Sei gesegnet
in lichten Stunden
und bei Dunkelheit
der Nacht;
sei gesegnet
in der Gewissheit.
dass stets einer
über dir wacht.

MIX
Papier aus verantwortungsvollen Quellen
FSC® C051146

Klimaneutral
Druckprodukt
ClimatePartner.com/11886-1909-1008

Zur Autorin:
Christa Spilling-Nöker, geboren in Hamburg, Dr. phil., Pfarrerin der badischen Landeskirche a. D. mit pädagogischer und tiefenpsychologischer Ausbildung. Sie lebt heute als Schriftstellerin in Ettlingen. Ihr poetisches und erzählerisches Talent hat sie zu einer der beliebtesten Autorinnen inspirierender Texte gemacht. Sie veröffentlicht seit mehr als zwei Jahrzehnten im Verlag am Eschbach.

Von Christa Spilling-Nöker sind im Verlag am Eschbach unter anderem erschienen:
Ich wünsch dir Glück und noch viel mehr (70681)
Ich wünsch dir einen schönen Tag (70503)
Ich wünsch dir ganz viel Zuversicht (70616)
Ich wünsch dir Trost in deiner Nacht (70654)
Komm, mein Engel, komm (70754)
Am Himmel steht der Abendstern (70559)
Kopf hoch und weitergehen (70680)
Liebe das Leben (70107), Jeder Augenblick zählt (70470)

Mit Fotos von:
ChamilleWhite (Umschlag), Redline96 (U2/S. 1), Celiaaa (S. 2/3), kajornyot (S. 4/5), TatyanaMishchenko (S. 6/7), nuisk17 (S. 8/9), Nataba (S. 10/11), photoncatcher (S. 12/13), tbradford (S. 14/15), portishead1 (S. 16/U3), alle iStock.

ISBN 978-3-86917-785-4

Verlagsgruppe Patmos in der Schwabenverlag AG, Ostfildern
Im Alten Rathaus/Hauptstraße 37
D-79427 Eschbach/Markgräflerland

www.verlag-am-eschbach.de

Gesamtgestaltung: Angelika Kraut, Verlag am Eschbach
Kalligrafie: Ulli Wunsch, Wehr
Herstellung: Holzer Druck und Medien
Druckerei und Zeitungsverlag GmbH + Co.KG

Manufakt
Dieser Baum steht für umweltschonende Ressourcenverwendung, individuelle Handarbeit und sorgfältige Herstellung.